ANATOLE BAJU

PRINCIPES DU SOCIALISME

A ceux qui pensent,
Pour ceux qui souffrent.

AVEC PRÉFACE DE

JULES GUESDE

Prix : 50 centimes

PARIS

LIBRAIRIE LÉON VANIER, ÉDITEUR
19, quai Saint-Michel, 19
1895

ANATOLE BAJU

PRINCIPES DU SOCIALISME

A ceux qui pensent,
Pour ceux qui souffrent.

AVEC PRÉFACE DE

JULES GUESDE

Prix : 50 centimes

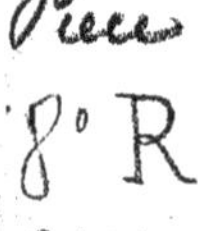

PARIS
LIBRAIRIE LÉON VANIER, ÉDITEUR
19, quai Saint-Michel, 19

1895

A JULES GUESDE

Honoré citoyen,

Vous, le lutteur infatigable, pour qui la propagation de l'Idée socialiste est un apostolat, vous que nous respectons surtout comme un penseur et un lettré, voudriez-vous présenter au grand public international, qui vous connaît si bien, ce modeste essai de synthèse sociale

De votre reconnaissant

A. BAJU.

Paris, le 18 avril 1895.

LETTRE-PRÉFACE

Cher Citoyen,

Je crois, comme vous, que la société capitaliste est le milieu le plus déprimant qui ait jamais existé pour l'Art et l'Artiste, industrialisés et tombés à l'état de marchandise. Et, comme vous, je sais que, loin d'être un retour, même momentané, à la barbarie, le triomphe du socialisme donnera lieu à une explosion de toutes les puissances artistiques de l'humanité, auprès de laquelle la Renaissance pâlira.

Vos *Principes du Socialisme* ont pour but de faire partager cette double conviction aux intéressés, à ce monde de littérateurs, de peintres, de sculpteurs, de musiciens qui n'a pas conscience de son abaissement actuel et fait corps avec les marchands du Temple contre ses libérateurs du prolétariat en marche.

Puissiez-vous réussir et persuader à beaucoup que l'émancipation de l'Art ne fait qu'un avec l'émancipation du Travail !

Je ne dis pas à tous, parce que, plus particulièrement reflexe, le cerveau de l'Artiste suit et ne précède pas.

Mais ne détacheriez-vous du bloc réactionnaire qu'une poignée de soldats à la Révolution que vous n'auriez perdu ni votre temps ni votre effort.

Croyez à ma vive sympathie.

Jules GUESDE.

Paris, le 8 mai 1895.

PRINCIPES DU SOCIALISME

I. — Des fins de l'homme.

Pour qu'un système social prétende à la perfection, il doit embrasser dans ses cadres les hommes
de tous les pays, les conduire à leurs fins présentes et préparer leurs fins futures.

Quelles sont donc ces fins, c'est-à-dire quel doit
être le but de nos efforts? Est-ce pour *jouir* ou
pour *souffrir* que nous vivons? Les prêtres et les
philosophes officiels affirment que nous sommes
nés pour les privations, pour les douleurs, et que
nous devons nous résigner à notre triste sort. Nous
nous permettrons d'exprimer ici une opinion diffé-
rente : nous vivons pour l'entier développement de
nos organes et de nos facultés intellectuelles, en un
mot pour la satisfaction de tous nos besoins ; nous
tendons à un état de bien-être absolu. Ce que nous
devons réclamer pour l'heure présente, c'est un
peu plus de bonheur, et ce que nous devons rechercher pour l'avenir, c'est le bonheur intégral.

En quoi consiste ce bonheur? Est-ce dans la plénitude des jouissances matérielles? Non, sans
doute. Un égoïsme grossier serait le résultat d'une
pareille conception de la vie. Chaque individu

ayant en soi la mesure du plus grand bien s'isole-
rait de tous les autres. Il n'y aurait entre nous
aucun courant de sympathie : le plaisir des sens
localisé dans les organes ne se communique point.
De plus, les appétits ont une limite; ils traînent
après eux la satiété et le dégoût. Une fois le ventre
satisfait, la bête n'aspire plus à rien.

Il faut quelque chose de supérieur pour arracher
les hommes à l'esclavage des sens et pour les
maintenir en communion constante, un sentiment
plus pur, moins égoïste, et dont l'intensité s'ac-
croisse en raison de la culture intellectuelle :
l'idéal de la perfection absolue. L'amour du Beau
est inné au fond de nous; chacun le possède à un
degré quelconque. Il n'est personne qui n'ait
éprouvé une émotion plus ou moins forte en face
de tels spectacles grandioses de la Nature ou devant les chefs-d'œuvre du génie, et qui n'ait es-
sayé de la communiquer à quelqu'un de son milieu;
car c'est là le caractère essentiel de ce sentiment
d'être commun ou conceptible à tous, c'est-à-dire
éminemment social.

Un système soucieux de la fin des hommes doit
donc s'efforcer de développer en eux l'idéal esthétique, qui est le mode le plus élevé du bonheur.
En les conviant à des plaisirs communs qui ne
connaissent ni la limite ni le dégoût, il supprime
l'antagonisme des intérêts; il leur apprend même
à s'aimer les uns les autres dans l'œuvre de la
Nature; enfin il les soustrait à la matérialité des
choses, les attache à la vie en leur inspirant le
désir toujours nouveau de connaître le Mieux : il
leur ouvre une porte sur l'Infini.

L'Enseignement religieux a senti avec raison la

nécessité d'un idéal. Mais le sien est infirmé par la science ; c'est un préjugé que les prêtres seuls ont intérêt à conserver. L'Au-Delà est une de ces hypothèses gratuites, un de ces audacieux *a priori* dont les anciens philosophes se servaient pour étayer leurs sociogonies ; ceux qui entretiennent encore le peuple dans cette naïve illusion sont les premiers qui ne l'auront jamais.

Le plaisir esthétique, au contraire, n'est pas seulement une espérance ; il est réel, immédiat. Il s'agit de le faire goûter aux générations nouvelles. Même provisoirement, dans une faible mesure, il est vrai, des fils de paysans et d'ouvriers peuvent le concevoir. L'instituteur n'a qu'à leur faire sentir la poésie de la nature, l'harmonie des couleurs, la mélodie des sons, le charme et le parfum des fleurs ; leur faire comprendre le prix et la beauté d'un travail achevé, leur inspirer l'horreur des imperfections, au lieu d'être des manœuvres, ils voudront devenir des artistes.

L'Art ne consiste pas seulement à construire une phrase irréductible, à colorier une toile, à ciseler un bloc de marbre : il est dans tous les métiers, dans toutes les industries. Chaque sorte de travail suppose un idéal, c'est-à-dire un modèle de ce que les hommes peuvent faire de mieux. Le serrurier, le maçon, le cultivateur ont besoin d'une éducation esthétique, de même que le peintre, le poète, le musicien. Chacun dans sa sphère peut rêver la perfection absolue, repaître son imagination de cette idée, en alimenter son activité cérébrale, en jouir : celui qui aura trouvé les plans les plus merveilleux sera en même temps le meilleur ouvrier.

L'Art, qui procure cette jouissance supérieure, pure et désintéressée, est la plus haute expression du bonheur. Nous allons rechercher dans quelles conditions il peut atteindre son plus haut degré de culture, puisque le bonheur est notre fin commune.

II. — L'Art et la Vie.

Nous demandons à citer ici le passage suivant d'un article paru sous notre signature dans l'*Événement* du 13 avril 1891 :

« Si nous entrevoyons l'Art comme but suprême de la vie, c'est dans la Science que nous voulons le chercher, non dans la Révélation.

« Pour nous l'Art, c'est la Toute-Science, c'est un rapport numérique que l'intuition fait quelquefois découvrir, mais qui est déterminé par des lois mathématiques qu'il s'agit de formuler. On nous a reproché de vouloir le ravaler au niveau des foules ignorantes : erreur ou préjugé. Ce sont les foules que nous voulons élever aux conceptions artistiques les plus nobles ; car pour nous il n'y a pas d'hommes supérieurs : il n'y a que des hommes inférieurs.

« Le sens esthétique étant le mode le plus élevé de la jouissance et participant du fonctionnement régulier des autres sens, pour en assurer à tous les hommes le développement complet, nous devons réclamer pour chaque individu la plénitude des jouissances matérielles. C'est pour l'humanité tout entière l'idée du vieil adage latin : *mens sana in corpore sano* que nous devons réaliser. Ainsi le

Socialisme qu'un des préjugés régnants disait être
la négation de l'Art pour l'Art, en serait au contraire la voie directe, le moyen, l'affirmation. »

La faculté par laquelle nous concevons une œuvre d'art n'est point particulière ; elle résulte de
l'harmonie parfaite de toutes les autres. La santé
du corps et la tranquillité de l'esprit sont indispensables à l'artiste. Un homme débile et souffrant,
en proie aux soucis de l'existence matérielle et
quelquefois terrassé par la faim, peut avoir de
beaux mouvements d'indignation ou de révolte, il
est bien vite réduit à l'hébétement, à l'inertie, à
l'impuissance. Il n'y a aujourd'hui que les rares
privilégiés nés avec une fortune considérable qui
pourraient avec fruit s'occuper de l'Art pour l'Art.
Tous ceux qui n'ont pas la sécurité du lendemain
sont les mercenaires du Capital ; du moment qu'ils
ont besoin pour vivre du produit de leurs œuvres,
ils n'agissent pas en toute indépendance, ils n'ont
pas le droit de se réclamer de la famille des purs
et incorruptibles esthètes.

Quant à la question de savoir si les choses de
l'Art doivent être l'apanage de quelques-uns ou le
domaine de la collectivité, nous ne la poserons
même pas pour des raisons que nous avons déjà
données et que nous développerons plus loin. Sans
prétendre créer une génération d'artistes, nous
voulons que tous les hommes soient capables de
conceptions artistiques, qu'ils puissent sentir le
Beau, l'apprécier, le goûter et que, s'il ne leur plaît
pas à tous de produire des œuvres, ils en aient au
moins la virtualité.

Pour arriver à ce résultat, il est indispensable de

créer un état social où chaque individu trouve, avec le maximum de bien-être possible, les moyens de culture intellectuelle sans lesquels il ne peut parvenir à son complet épanouissement.

III. — Du meilleur état social

Il est scientifiquement démontré que dix hommes travaillant et vivant ensemble, par le fait de l'association et de la division du travail, produisent plus et dépensent moins que dix agissant individuellement. Cent dans les conditions des premiers valent mieux que dix groupes de dix ; mille, mieux que dix groupes de cent. Puisque cela est vrai, puisque, à moins que d'être de mauvaise foi, personne ne peut le nier, cessons de nous épuiser à lutter les uns contre les autres et unissons-nous pour ne former qu'une seule association. C'est notre avantage à tous. Grâce aux progrès incessants du machinisme, ainsi qu'à l'utilisation des bras inoccupés, nous aurons une somme de bien-être supérieure à celle de la moyenne des Bourgeois, en ne travaillant que quatre à cinq heures par jour. Il est même certain qu'à la suite de perfectionnements que l'on prévoit dans l'outillage industriel, la durée de ce travail sera réduite de moitié : c'est au moins vingt heures de repos ou de loisir dont nous disposerons pour nos jouissances intellectuelles. Il faut donc à notre société individualiste substituer une société solidaire ; en un mot, et c'est là la définition même du Socialisme, il faut faire cesser la *lutte pour la vie* et organiser la LIGUE POUR LA VIE.

IV. — La Loi des Sociétés.

Ce système social a pour base l'égalité.

L'homme seul ne pouvant se suffire est forcé de s'associer. Dès lors la société est un contrat : chacun de nous réduit à ses propres ressources étant impuissant, nous devons être forcément égaux. Prenez l'homme le plus fort et le plus intelligent, séparez-le de tous les autres, que fera-t-il ainsi? Rien. Faibles et forts nous sommes aussi utiles, aussi indispensables les uns que les autres : il est donc juste que nous retirions les mêmes avantages d'une association à laquelle nous apportons tous le concours entier de notre force musculaire et de notre intelligence.

Si on ne traite pas tout le monde sur pied d'égalité, la multitude des faibles a le droit de dire au petit nombre des forts : « Nous refusons de nous associer avec vous. » Mais, en réalité, il n'y a ni faibles ni forts; c'est là un préjugé que les riches ont répandu pour justifier l'exploitation des pauvres : il en faut faire justice. D'abord il n'est pas vrai que ceux qui possèdent, qui gouvernent, qui jouissent, en un mot, soient les plus forts, les plus intelligents. Il y a parmi le peuple des milliers d'hommes sains de corps et d'esprit à qui il ne manque qu'un peu de culture pour les égaler de tous points, sinon les surpasser. Ensuite, s'il y a des inégalités de force physique et d'aptitude au travail, elles sont le résultat d'une mauvaise organisation sociale; le progrès, qui tend à les faire disparaître, les rend inappréciables dans l'œuvre collective de la production. Il n'est ni juste ni humain de les invoquer en faveur du principe de la séparation des classes. Le pasteur ne donne-t-il pas une pâture égale à toutes ses bêtes, sans s'occuper si celle-ci rapporte plus ou moins que celle-là? Et puis ceux qui sont forts, le sont-ils constamment? N'ont-ils pas besoin qu'on leur vienne en aide dans leur enfance, dans leur vieillesse et durant les périodes de maladie? Plus on examine cette question, plus on voit que tout s'équilibre par des compensations, que tous les hommes sont égaux. Enfin, s'il y en a quelques-uns qui soient un peu plus forts que les autres, leur devoir est de travailler pour les faibles, non de les opprimer!

C'est en vertu du principe d'égalité que les premières sociétés furent constituées. La plus ancienne forme de l'association est celle de la famille dont tous les membres étaient égaux sous l'autorité paternelle. Des réunions de familles ont ensuite formé des clans, des tribus ou des peuplades, sous la direction d'un chef élu en raison de sa force musculaire ou de son expérience de la vie. Mais le père ou le chef, quoique investis de l'autorité, n'avaient aucun avantage sur les autres sociétaires : il était fait un partage égal entre tous des revenus de la terre, des produits de la pêche ou de la chasse et des dépouilles de la guerre. La légende du Vase de Soissons atteste que Clovis, roi des Francs, n'avait, en dehors des exercices militaires, aucune supériorité sur ses soldats.

La vie des premiers âges offrait trop d'aléas. L'homme fort, après avoir dépouillé les autres, était souvent surpris et dépouillé lui-même par quatre ou cinq faibles réunis contre lui. C'est pour égaliser les chances de la vie que les uns et les autres ont formé une société. Le fort s'est dit : « A quoi me sert ma force, puisque deux faibles peuvent me tuer? » Et il a dit à ceux-ci : « Unissons-nous, travaillons ensemble et partageons le fruit de notre travail. » C'est donc un pacte d'égalité qui a été conclu ; s'il n'est pas observé, autant valait demeurer à l'état d'anarchie.

Les rouages de la société primitive étaient assez simples ; ceux de la nôtre sont plus compliqués. L'extrême division du travail et l'intervention de la machine ont transformé la vie sociale. C'est ici qu'apparaît la science économique qu'on s'est plu à embrouiller à dessein, mais qui, en réalité, est plus simple qu'on ne se l'imagine. Elle repose tout entière sur ce principe :

Pour produire ce qui est nécessaire à l'entretien d'un individu, il faut la collaboration directe ou indirecte de tous les membres de l'association.

L'instituteur, le laboureur, le soldat ont contribué à la construction de cette maison : celui-ci en maintenant l'ordre public, celui-là en fournissant du pain aux maçons qui l'ont faite, l'autre en les instruisant. On peut en dire autant de tous les travailleurs. Dès lors il ne doit pas y avoir d'inégalité dans les salaires, parce que tous les concours sont également utiles, parce qu'il est aussi indispensable d'avoir du pain et d'être instruit que d'avoir des vêtements et un logis. Si l'on paye le cordonnier moins qu'un autre ouvrier, c'est qu'on peut se passer de chaussures ; or, cela n'est pas vrai : demandez-le plutôt à Messieurs les Bourgeois.

Pourquoi donc des rétributions inégales? Est-ce que les mieux rétribués dépensent plus de force ou d'adresse que les autres? Point de tout. Dans la généralité des cas, ce sont, au contraire, les plus forts et les plus adroits qui gagnent le moins. Le terrassier, qui fait le travail le plus pénible, le mineur, qui court les plus grands dangers, le petit employé, qui a le plus d'instruction, sont les plus malheureux de tous les travailleurs. La seule cause de l'inégalité des salaires, c'est que plusieurs catégories d'individus veulent vivre du travail d'autrui. Il n'y a en a point d'autre : s'il y avait égalité, il n'y aurait pas d'exploitation possible.

COMME NOUS TRAVAILLONS TOUS POUR L'ASSOCIATION ET QU'IL N'EST PAS POSSIBLE QUE NOUS FASSIONS LE MÊME MÉTIER, TOUS LES TRAVAUX ONT UNE VALEUR ÉQUIVALENTE : NOUS PRODUISONS AUTANT LES UNS QUE LES AUTRES, le médecin comme le maçon, le tailleur comme le chimiste. Nous devons donc recevoir un salaire égal et correspondant à la somme de travail fournie individuellement. Dès que l'un d'entre nous émet la prétention de consommer plus qu'il ne produit, il y a évidemment déséquilibre : il faut que les autres travaillent pour lui.

Représentons par 5 fr. la production quotidienne d'un homme. Si l'on paye un fonctionnaire 20 fr., c'est une quantité de marchandises équivalente à 15 fr. qu'il peut consommer sans la produire. Naturellement, il faut que les autres travailleurs pourvoient à cette production, et comme pour diverses raisons ils ne peuvent produire davantage (1), on prélève ces 15 fr. sur leurs salaires sous forme d'impôts. Quinze d'entre eux ne dépensent plus que 4 fr. et se privent ainsi du nécessaire pour procurer le superflu à un privilégié. De même l'industriel et le commerçant, en réalisant des bénéfices quotidiens de 30, 40, 100 fr. ou davantage, déprécient dans de notables proportions le salaire de l'ouvrier, l'un par l'emploi de la machine à son profit, l'autre par l'accaparement des marchandises. Cette constatation nous conduit à la définition suivante :

Celui qui consomme plus qu'il ne produit est un bourgeois.

Mais, dira-t-on, l'inégalité des salaires est voulue par les ouvriers eux-mêmes. Et certainement ils la veulent, comme autrefois ils voulaient des seigneurs, des prêtres et des rois ; comme aujourd'hui ils veulent la guerre contre des hommes qu'ils ne connaissent pas, qu'ils n'ont jamais vus ; comme demain ils voudraient toutes les calamités qu'il plairait à leurs journaux de demander. Il y a des contradictions plus significatives encore : des socialistes même, rétribués à raison de 0 fr. 80 l'heure, s'indignent de ce qu'un ministre touche 25 fr. pour le même temps, mais ils trouvent parfaitement légitime qu'un savetier et un balayeur soient payés 0 fr. 40 ou 0 fr. 60 centimes ! Cela ne prouve qu'une chose, c'est que l'éducation sociale n'est pas encore faite.

En résumé, nul ne pouvant subsister que par l'association et tous les concours ayant la même utilité, il n'y a ni travaux nobles ni travaux vils, par suite plus de hiérarchie dans les salaires. *Tous les travailleurs doivent recevoir le même prix pour la même unité de temps.* Pas de distinction entre le maçon et l'architecte : ils sont aussi indispensables l'un que l'autre à la construction d'un bâtiment. S'il y a des occupations plus ou moins pénibles, plus ou moins avantageuses, elles sont données par voie de roulement ou par le tirage au sort, jamais par la faveur. C'est la fatalité, personne n'a le droit de se plaindre.

Ainsi l'Égalité mathématique étant admise comme principe fondamental de notre société, l'arithmétique remplacerait avantageusement le Code et même la Morale.

V. — De l'Égalité (1).

On objecte que l'inégalité actuelle des fortunes et des salaires résulte de celle des intelligences. Il est vrai qu'aucun homme ne ressemble parfaitement à un autre au physique, comme au moral. Nous naissons même avec de profondes inégalités. Mais cela est une conséquence de notre mauvaise organisation sociale. Il est scientifiquement démontré que, par une éducation et un régime uniformes continués à travers plusieurs générations, nous arriverons progressivement, non point à l'égalité rigoureuse, mais au niveau moyen le plus élevé qu'il soit possible d'atteindre. Nous supprimerons ainsi les monstrueuses inégalités qui existent aujourd'hui et qui font de tant de millions de nos semblables des êtres plus voisins de la brute que de l'homme civilisé.

Nous pouvons donc formuler hardiment ce principe : *tous les hommes sont égaux.*

En effet, pourquoi dans le présent n'atteignent-ils pas tous le même développement physique ? C'est parce que ceux-ci sont nés de parents sains, ceux-là de parents maladifs ; parce que les uns sont élevés dans l'aisance, les autres dans la misère.

Pourquoi n'ont-ils pas la même intelligence? C'est en raison des atavismes ou des hérédités, quelquefois des circonstances physiologiques de la conception ; c'est, surtout, parce qu'ils n'ont pas reçu la même éducation et qu'ils ne jouissent pas de la même santé.

Qu'il nous soit permis de réfuter ici une erreur qui a servi de base à la philosophie de Darwin. D'après celui-ci, la Nature est la mesure du plus grand bien, le *struggle for life*, l'écrasement du faible par le fort étant sa loi générale, les inégalités de tout ordre sont fatalement irrémédiables.

Il n'est pas vrai que la Nature soit la mesure du plus grand bien ; si cela était, nous n'aurions qu'à la suivre, nous vivrions à l'état sauvage comme les autres animaux. C'est au contraire parce que nous la trouvons insuffisante, imparfaite que nous nous réunissons en société. Elle n'est donc pas pour nous une règle immuable. Le rôle de la Société consiste précisément à la rectifier, en atténuant les inégalités fâcheuses qui sont cause de la débilité des uns et de l'imbécillité des autres.

L'Égalité n'est pas dans la Nature, elle est dans le progrès de la Science, dans l'organisation et le fonctionnement du meilleur état social. Il ne faudrait point s'imaginer que, par le fait de l'institution du régime collectiviste, ceux qui sont aujourd'hui au niveau de la brute vont devenir subitement des hommes intelligents. Victimes d'une ascendance dégradée, ils resteront ce qu'ils sont et leur postérité immédiate ne leur sera guère supérieure. Le progrès se manifeste plus lentement.

Mais il est évident qu'après cinq ou six générations, toutes les différences de force physique et d'intelligence seront réduites au minimum.

Il ne s'agit pas d'affirmer que les hommes seront toujours inégaux parce qu'ils l'ont toujours été : on ne conclut pas l'avenir par le passé. Et puis, il n'y a pas d'énigme dans la nature : nul fait ne se produit sans cause. Pourquoi cette inégalité? Pour y croire, il faut admettre l'existence d'un Dieu créateur capricieux et fantasque. Comme au contraire le monde est l'œuvre d'une force fatale, toujours identique à elle-même, il n'y a pas de raison pour que les uns naissent avec des qualités que les autres n'ont pas. Si cela se produit si souvent, c'est que l'ordre immanent des choses a subi une perturbation. Il y a des causes à ces accidents; nous en avons déjà signalé quelques-unes. La science sociale a pour but de rechercher les autres et de les prévenir.

En préconisant l'égalité des conditions, de la force physique et des intelligences, voilà comment nous la comprenons. Nous savons qu'elle est provisoirement une utopie, mais une longue, une minutieuse observation des phénomènes sociaux nous fait croire que demain elle se réalisera, parce qu'elle a présidé à la conception primordiale des clans et des tribus, parce qu'elle est inséparable de l'idée même de société.

VI — Méthode pédagogique.

A toute société correspond une pédagogie. Les hommes d'État dignes de ce nom connaissent bien la puissance de l'éducation ; ils savent qu'elle est la base et la garantie des institutions d'un pays. Aucune transformation sérieuse dans les idées et dans les mœurs ne s'accomplit que par elle. L'homme reste ce qu'il est, mais on fait de l'enfant ce qu'on veut. Nous en appelons ici à la compétence de tous les vrais pédagogues : les élèves d'un Maître sont semblables à ces végétaux naissants qu'on courbe vers le sol et qui croissent dans cette position. Par l'effet de l'habitude, du milieu, de l'entraînement, on les dresse pour telles fins qu'on se propose. Nous pouvons donc formuler ce principe :

« Les sociétés sont ce que les gouvernements veulent qu'elles soient : il ne s'y commet que les délits qu'on veut avoir à réprimer. »

Il n'y a de vagabonds, d'assassins et de voleurs que ceux que l'éducation et les nécessités de la vie ont rendus tels. Prétendre les extirper de la société au moyen de l'échafaud et de la prison est aussi ridicule que de vouloir tarir la Seine au-dessous de Paris avec des paniers percés. Pierre a volé parce qu'il n'avait pas de travail et parce qu'il avait faim ; on aura beau le condamner à toutes les peines imaginables, rien n'empêchera Paul de l'imiter dès qu'il se trouvera dans la même situation. *Ce n'est pas le voleur qu'il faut punir, ce sont les causes du vol qu'il faut faire disparaître,* autrement dit il faut commencer par le commencement.

Si nous voulons une société égalitaire, nous devons la préparer. Pour cela nous prenons tous les enfants, dès le plus bas âge, avant qu'ils aient contracté de mauvaises habitudes ; nous leur donnons à tous les mêmes soins, la même nourriture, la même instruction. Contrairement à ce qui se pratique aujourd'hui, nous construisons nos écoles hors des villes, en de belles campagnes, où l'air est pur, où la vie est calme, où l'espace n'est jamais mesuré avec parcimonie. Ce sont de nombreux pavillons, d'immenses salles de gymnastique, des cours et des jardins, avec des classes même en plein air, des bibliothèques, des musées de toute sorte et dont l'ensemble clos par un vaste mur d'enceinte forme une ville d'enfants.

Garçons et filles, mêlés sans distinction de sexe, y reçoivent l'instruction intégrale, quel que soit le travail auquel on les destine. Plus l'homme est instruit, plus il produit : il est donc pour nous du plus haut intérêt de prodiguer la science à chaque individu.

Nous élevons tous les enfants comme les fils d'une même mère, pour vivre des bienfaits de l'association universelle, non pour s'entre-dévorer comme certains animaux. La tâche de l'Instituteur consiste à surveiller en eux le développement régulier des facultés intellectuelles, à les préserver des accidents, à leur faire comprendre les avantages de la solidarité. Il est facile de leur enseigner la Morale : le Bien est un acte harmonique à la fin générale. Du moment qu'ils sont solidaires, tout ce qui atteint leurs semblables les atteint, et réciproquement. Dès qu'ils sont raisonnables, ils font nécessairement le Bien, de même que l'eau suit la pente, parce qu'ils y ont intérêt, parce que le Bien est la conséquence d'une organisation parfaite.

Cette méthode pédagogique ne peut manquer de produire l'uniformité de la santé physique, des mœurs, de l'instruction et par suite celle des intelligences. L'internat absolu est la meilleure préparation à la vie sociale. Les enfants n'y ont pas sous les yeux les discordes, les haines ou les jalousies de leurs parents, et leur affection, au lieu d'être comprimée dans le cercle étroit d'une famille, s'étend sur tous ceux qui les entourent. Tout en gardant conscience de leur personnalité, ils perdent tout sentiment d'individualisme, parce qu'ils savent que leur bonheur est dans celui de la collectivité. En résumé, l'École est pour eux une petite société, un apprentissage de la vie.

Notre programme d'études comprend les connaissances indispensables à l'homme civilisé. Commun aux deux sexes, il se divise en quatre parties : Littérature, Sciences, Histoire, Arts agréables. Quand il a été parcouru en entier, l'instruction fondamentale est achevée. Les enfants atteignent de seize à dix-huit ans. Alors commence l'enseignement professionnel et spécial. Celui qui doit cultiver la terre étudie l'Agriculture ; le mécanicien suit des cours supplémentaires de physique, de géométrie, de mécanique ; le professeur approfondit la Littérature et la Pédagogie. Mais, terrassier, comptable ou médecin, chacun possède un fond d'instruction égal ; la seule différence est dans la spécialité de la profession choisie. Un maçon, un menuisier sait aussi bien parler, est aussi élégant, aussi bien élevé qu'un ingénieur ou un architecte : dans les salons, il est aimable et spirituel, il s'entretient des choses de l'Art ou discute les questions scientifiques. Après ses heures de travail, il fait quelquefois de la peinture ou des vers. Enfin, il a toutes les qualités : savoir, urbanité, délicatesse, goût, puisqu'à l'École on lui a tout appris.

VII. — Comptabilité sociale.

Le gouvernement socialiste n'est qu'une vaste comptabilité. Gouverner, c'est faire la somme des productions et la répartir également entre tous les ouvriers. C'est calculer le nombre d'heures de travail que chacun doit à l'association, nombre toujours variable selon qu'il y a disette ou surabondance. C'est établir des compensations pour les métiers plus ou moins pénibles, c'est imposer à chaque citoyen une tâche en harmonie avec ses aptitudes, ses forces ou sa santé.

Une Commission de savants ou Académie est chargée de cette répartition. C'est elle qui veille à tirer le meilleur parti des ressources communes, c'est-à-dire à *fournir la plus grande somme de bien-être contre un minimum de travail.* Nommée par le tirage au sort ou par voie de roulement, elle exerce l'autorité : elle est le gouvernement. Les hommes qui la composent peuvent, à la rigueur, avoir des opinions quelconques, qu'ils pensent blanc ou noir, cela ne modifie en rien le résultat d'une opération arithmétique. Comme ils ne jouissent d'aucun privilège et qu'ils ne doivent rien à la faveur, ils n'ont pas besoin d'acheter les consciences pour se maintenir au pouvoir. La société étant basée sur l'égalité, ils ne reçoivent ni plus ni moins que les autres citoyens. Ils travaillent donc nécessairement au bien-être général, parce que le leur dépend de celui de la collectivité.

L'argent est supprimé et remplacé par des livrets individuels de travail et de consommation qui rendent tout trafic impossible. Le commerce est devenu un échange de produits entre les différentes parties de la population ; il ne donne lieu à aucune perte comme à aucun profit. La propriété étant collective, il n'y a ni contestations, ni procès, par suite, plus de magistrature. Une répartition égale des produits entre tous les individus des deux sexes a supprimé la Misère d'un côté, le Luxe effréné de l'autre, ces causes naturelles de tous les crimes et de tous les délits. Plus n'est besoin de prisons. Le Mal est une anomalie telle que celui qui le commettrait serait forcément un malade. Mais, s'il se rencontrait des êtres foncièrement pervers, incorrigibles — ce qui semble incroyable avec l'éducation nouvelle — on devrait les interner dans les hôpitaux et les soigner comme des aliénés.

Grâce à ces simplifications et à d'autres que nous ne pouvons énumérer ici, on obtient avec la diminution des heures de travail une augmentation considérable du bonheur matériel. Du progrès de la Science résulte enfin le bonheur intellectuel, qui est le complément de l'autre et que tous peuvent goûter, parce qu'ils en ont à la fois le temps et les moyens.

Ce système social porte en soi le caractère de la perfection. Comme tout ce qui est basé sur le Nombre, il est éternel, définitif : un problème n'a qu'une manière d'être juste.

VIII. — Tactique.

La société dont nous venons d'indiquer les grandes lignes ne peut être, provisoirement du moins, qu'un idéal ; mais il importait de la définir exactement pour qu'on sût ce que nous voulons. Voilà le but que nous devons atteindre. Car il y a deux choses à considérer dans le socialisme : le présent et le futur ; le provisoire et le définitif. Ceux qui inscrivent aujourd'hui dans leurs programmes l'abolition de la propriété individuelle, la suppression du patronat, etc., risquent fort de n'être pas compris même par les intéressés. Ces réformes sont subordonnées à une évolution morale non encore accomplie. Il suffit de réclamer celles qui sont immédiatement réalisables, simple atténuation du mal, il est vrai, mais qui sont la préparation obligatoire d'une tranformation radicale.

Par la force même des choses, le Socialisme prend de nos jours une extension considérable, tout le monde est tenté de se dire socialiste : les uns parce qu'ils souffrent, les autres parce que c'est la mode, les bourgeois pour l'exploiter. Sous peine de voir notre parti dévier de son but, il importe de n'y admettre que des hommes conscients et résolus. Il ne faut pas que, sous prétexte de réformes ou de philanthropie, les premiers venus puissent se dire des nôtres. *Sont socialistes ceux qui luttent pour la constitution de la propriété collective, l'égalité des salaires, l'entente ou la fusion des nationalités.* L'acceptation sans réserve de ces trois points est la marque à laquelle on les reconnaît : les autres ne le sont pas. Défions-nous surtout de ces demi-socialistes qui se disent d'accord avec nous sur une partie seulement de notre programme. C'est à peu près comme s'ils admettaient les deux premiers livres de la géométrie et pas les autres qui sont la conséquence de ceux-ci. Le Socialisme est une science, un système intégral qu'il faut prendre ou rejeter en bloc.

Le socialiste ne peut exercer une action efficace qu'à la condition de n'avoir aucun des préjugés qu'il combat dans la société bourgeoise. Sa parole n'acquiert d'autorité que s'il est lui-même un homme de bien, s'il y a conformité complète de ses actes avec ses théories. Il doit donc s'imposer à la confiance publique par l'élévation de son caractère et la dignité de ses mœurs.

Homme des temps futurs, il est un exemple vivant de toutes les corrections. Bienveillant et affable, il s'efface devant les autres, écoute en silence ses adversaires, car il les croit victimes de l'erreur plutôt que de mauvaise foi. D'humeur toujours égale, il est calme en face des injures, inaccessible à tous les sentiments bas et vils, tels que la colère, la jalousie, la vengeance, la haine. Dans tous les actes de sa vie, il n'a pour mobile que l'intérêt général ; enfin il est honnête devant sa conscience, devant les hommes et quelquefois devant le Code.

Il a le devoir de ne jamais médire des autres socialistes, même de ceux dont il aurait à se plaindre. En toute occasion il fait preuve d'abnégation, de dévouement et subordonne sa conduite à l'intérêt du parti.

En principe il doit considérer comme ennemis

tous ceux qui ne sont pas [socialistes ; il peut cependant ménager les hommes à tendances progressistes, au besoin les préférer aux autres conservateurs, sans pour cela faire d'alliance avec eux. Mais il est un parti avec lequel il ne peut avoir rien de commun, dont il doit se défier comme de la peste : c'est le socialisme (?) chrétien ou charitaire. Dix-huit siècles de barbarie ont prouvé qu'il n'y a rien à attendre du christianisme; à quoi bon en pousser l'expérience plus loin? D'ailleurs, ce socialisme est le contre-pied du nôtre : nous voulons le droit à l'existence, non à la pitié des riches.

Quant aux réformes dont parlent les politiciens en quête de mandat, bien qu'elles soient le plus souvent illusoires, le socialiste doit s'occuper de celles qui sont un acheminement vers son idéal. Mais il en est une qu'il doit préconiser avec ardeur, sans trève ni merci jusqu'à ce qu'il l'ait obtenue : c'est l'Instruction intégrale, parce que sans elle le socialisme est une utopie.

Qu'il évite de pousser à la Révolution violente ; ce serait non seulement inutile, mais nuisible au développement de son parti. Le peuple a une éducation trop individualiste pour accepter à cette heure le régime socialiste. Une épreuve de ce genre serait le signal de nouvelles Vendées et n'aboutirait qu'à un avortement. C'est par la Révolution mentale qu'il faut commencer ; quand celle-ci sera faite, l'autre sera bien près de l'être.

Si pourtant des événements que nous ne prévoyons pas : guerre étrangère, banqueroute d'État, grève générale, venaient à déterminer une insurrection, nous devrions sans hésiter intervenir au nom de l'ordre et nous emparer du pouvoir. Mais, cette éventualité se produisant, comme il ne nous sera pas possible d'appliquer immédiatement notre programme dans son intégralité, il faudra sous peine d'abdication réaliser dès notre arrivée les indispensables réformes suivantes :

Instruction intégrale du peuple.

Constitution de la propriété sociale par la suppression graduelle de l'héritage, et fonctionnement de la Commune économique.

Transformation en services publics des monopoles actuels et de tous les métiers qui concernent l'alimentation, l'habillement, etc.

Fixation des salaires et de la durée du travail par les Chambres Syndicales.

La Fédération des Chambres Syndicales, souveraine en matière de travail, est chargée d'en assurer la répartition entre *tous* les travailleurs.

Hospitalisation des invalides et des vieillards.

Ces réformes sont une transition, une préparation à l'Etat social que nous avons rêvé. Sans bouleverser de fond en comble l'organisation actuelle, ni provoquer des résistances désespérées, elles garantissent enfin le droit à l'existence et font disparaître la plupart des monstrueuses inégalités qui caractérisent la société bourgeoise. Car en attendant l'heure peut-être lointaine où le peuple sera mûr pour l'acceptation du Socialisme, il ne faut pas que des milliers d'individus continuent à se priver du nécessaire et à mourir de faim.

Mais il est entendu que ce programme est provisoire, qu'il marque seulement la première étape vers le but que nous nous proposons d'atteindre. Ce que nous voulons, c'est l'égalité entre tous les hommes, c'est la fin de l'exploitation et de l'esclavage, car *tant qu'un homme prélèvera un centime sur le salaire d'un autre, celui-ci sera l'esclave de celui-là*. Ces choses, il faut les dire bien haut. La politique socialiste exclut toute sorte de machiavélisme. Les Socialistes doivent dire tout ce qu'ils pensent et penser tout ce qu'ils disent. Comme ils n'attendent de leur propagande aucun profit illégitime, ils n'ont rien à dissimuler.

Il faut aussi qu'on sache que, s'ils aiment leur patrie, cela n'implique pas pour eux la haine des nations étrangères. Ils sont de cœur avec leurs frères de Berlin, de Rome et d'ailleurs, et ils s'opposeront à la guerre par tous les moyens, parce que la guerre entre peuples civilisés est la négation du progrès; leur mot d'ordre est : *la paix à outrance*.

Puisqu'il est certain que l'ignorance et les préjugés sont les principaux obstacles à l'établissement de l'ordre nouveau, que tous ceux qui ont foi dans l'avenir s'improvisent donc conférenciers, théoriciens, professeurs ; qu'ils pourchassent l'erreur jusqu'en ses derniers refuges, qu'ils fassent la lumière où il y a les ténèbres, qu'ils ouvrent les yeux à la foule aveugle et inconsciente des malheureux, la bourgeoisie disparaîtra dès lors sans qu'il soit besoin de la combattre.

IX. — De la Liberté.

Parmi les préjugés à détruire celui de la Liberté vient en première ligne. On veut que l'homme soit libre, qu'il ait une âme autonome, exempte de toute influence physiologique. C'est le dualisme antique : d'un côté l'esprit, de l'autre la matière. On peut fustiger le corps, le macérer, le mutiler, l'âme n'en est point affectée ; notre libre arbitre s'exerce sans contrainte : nous avons le pouvoir de choisir entre ce qu'on est convenu d'appeler le Bien et le Mal. Les philosophes officiels affirment que nous possédons cette liberté morale. « On me présente deux louis, dit M. Jules Simon (*Le Devoir* page 15), et l'on me dit : « Voici celui que vous choi- « sirez » ; est-ce que je ne me crois pas parfaite- ment libre de choisir l'autre ?... Je propose à qui- conque pense que je ne suis pas libre, de gager contre moi mille écus, un million, cent millions que dans l'espace d'une heure je lèverai trois fois la main. Qui acceptera le pari ? Personne. Qui hési- tera à le proposer ? Personne... Si nous sommes trois dans une chambre, les deux autres peuvent parier entre eux que je partirai du pied droit ou du pied gauche ; mais quel est celui qui fera telle gageure contre moi-même ? Ces faits parfaitement simples ont le mérite d'établir de la façon la plus irréfutable la croyance à la liberté humaine, etc.»

Voilà à l'aide de quels misérables arguments les sophistes bourgeois démontrent un principe qui sert de base à leur philosophie. Avoir la faculté de choisir entre deux choses rigoureusement identi- ques, de lever la main droite ou le pied gauche, qui ne sent l'inanité d'une pareille démonstration ? Y a-t-il au monde quelque chose de plus puéril, de plus grotesque ? Monsieur Jules Simon, vous êtes pris en flagrant délit d'ergotage et de sophisme. Mais les animaux aussi ont la faculté de se mou- voir en tel sens qu'il leur plaît ; ils peuvent même agiter leur queue à droite, à gauche... Oseriez-vous affirmer qu'ils soient libres pour cela?

On ne choisit pas entre deux choses rigoureusement identiques : on prend la première venue. Si les choses ne sont pas identiques, on prend toujours celle qui est ou qui paraît la plus avantageuse. Si nous ne prenons pas la meilleure, c'est que nos connaissances nous trompent ou c'est que nous faisons un sacrifice momentané dans l'espoir d'un plus grand bien pour l'avenir. Il ne nous est point possible d'agir autrement. Si l'ivrogne ruine sa santé à boire des liqueurs pernicieuses, c'est que, dans son ignorance, il ne voit que la jouissance immédiate. Si le travailleur économise en prévision de l'avenir, c'est qu'au prix de quelques privations il espère se procurer une longue période de repos et de bien-être dans sa vieillesse. Il n'est pas vrai, comme on le croit communément, que l'homme ait le choix entre deux actions différentes : mû par l'instinct du bien-être et de la conservation, et sous l'influence de son hérédité, de son éducation, de son milieu, *il ne se détermine jamais que pour ce qui est, ou pour ce qu'il croit être son plus grand intérêt* (1).

Il n'y a point de liberté. L'homme ne peut faire que ce qu'il fait. Pranzini, par exemple — quoique parfaitement libre de partir du pied droit ou du pied gauche — avec l'éducation qu'il avait reçue, le milieu dans lequel il vivait, les besoins qu'il s'était créés, ne pouvait aboutir qu'à des assassinats. Il n'avait point la liberté d'agir autrement. Si l'homme était libre, il serait une cause, il serait Dieu à côté de Dieu, « Or, il n'y a dans l'univers, dit Spinosa, qu'un

seul principe, une substance unique, dont tous les
êtres ne sont que les manifestations ou les modes. »
« Le monde est régi par des lois invariables,
affirme Kant, une cause libre serait une déroga-
tion à l'ordre général ; elle échapperait au fil con-
ducteur de ces lois et y causerait l'anarchie. »
Assez d'arguments contre la liberté : il nous suf-
fira de dire qu'elle est un dogme, le raisonnement
étant impuissant à en donner l'idée à ceux qui ne
la trouvent pas au fond de leur conscience.

Les théories scientifiques de Darwin et de
Haeckel ne laissent rien subsister de ce postulat
grossier. L'esprit n'est pas distinct de la matière,
il en est la résultante, il est un avec elle. L'âme,
c'est le mouvement du corps, et ce mouvement est
déterminé par des besoins matériels, des influences
de climat ou de milieu. L'homme qui a faim vole
plutôt que de mourir d'inanition. Et ne croyez pas
qu'il accomplisse cet acte de son plein gré : souvent il lutte contre son éducation, contre son hérédité ; mais il ne lui est pas possible de faire autrement, contraint qu'il est d'obéir à l'inflexible loi
du ventre.

Nous ne nous élevons pas seulement contre le
libre arbitre individuel, nous nions aussi le libre
arbitre des groupés. Le tout ne peut être supérieur à la somme des parties. La collectivité
comme l'individu subit l'action des phénomènes
cosmiques et de certains courants d'idées qu'elle
ne peut enrayer. La France, par exemple, s'est
trouvée, en 1870, à la suite d'un concours de circonstances imprévues, dans la nécessité de dé-
clarer la guerre à la Prusse. La situation économique, la conséquence des derniers faits de

l'histoire, les exigences de la diplomatie, tout l'y poussait irrésistiblement, fatalement, et il ne lui était guère plus possible d'éviter le conflit qu'au liège de rester immobile au milieu du courant qui l'entraîne.

Ainsi, loin d'être libre, l'homme est au contraire dépendant de tout ce qui l'entoure. Il doit donc se coordonner aux individus de son espèce, selon les lois de l'harmonie générale ou de la sociologie. Mais alors qu'entend-on par Liberté civile et politique? C'est le pouvoir de déroger à cet ordre et d'agir à son gré sans tenir compte des intérêts d'autrui. Forcez le patron à donner un salaire rémunérateur à ses ouvriers, empêchez le financier d'accaparer les ressources publiques, le politicien de s'enrichir à gouverner ses semblables, les uns et les autres diront qu'ils ne sont pas libres, crieront à la persécution. En un mot, ce qu'on appelle Liberté, c'est la tyrannie d'autrefois, c'est l'exploitation, c'est l'esclavage, *c'est le droit d'assassiner*. Que les sophistes républicains ou anarchistes, partisans de cette liberté individuelle, ne nous parlent point de la limiter, c'est-à-dire de la rendre égale pour tous : si elle est limitée, c'est qu'elle n'existe plus.

Sous un régime socialiste, il n'y a pas de liberté individuelle (2). Il ne se peut pas que des hommes tirent à gauche, tandis que les autres vont à droite, parce que tous n'ont qu'un but : l'augmentation du bien-être général; parce qu'une rigoureuse méthode scientifique, les considérant comme des unités de valeur égale, les groupe en vue de la formation d'un Tout harmonique et complet.

La Liberté est la base de la société bourgeoise;

c'est elle qui engendre l'individualisme, c'est-à-dire l'absorption par quelques individus de tout le reste de l'humanité. Que nos jeunes socialistes se pénètrent bien de cette idée, qu'elle est la négation de l'égalité sociale.

X. — La propriété (1).

L'idée de propriété est encore une de ces manifestations dangereuses de l'individualisme ou de la liberté qu'il faut détruire à tout prix. D'après l'étymologie *proprius,* ce mot semblerait indiquer quelque chose qui nous est propre, que nous avons créé, qui nous appartient. Or, pouvons-nous créer une chose qui n'existe pas? Nous ne pouvons que transformer des matériaux qui sont dans la nature et qui par conséquent n'appartiennent à personne. L'appropriation par le travail est-elle plus légitime? Un homme seul peut-il construire une maison, une usine, etc? Et quand il le pourrait, est-ce lui qui a créé les pierres dont elle est faite, les chemins par où il les a passées, les outils dont il s'est servi? Évidemment non, toute œuvre, toute construction appartient à la Société, parce qu'elle suppose la collaboration présente et antérieure de la collectivité. Même la science que possède un individu ne saurait être *sa* propriété : c'est le résultat des efforts collectifs de cinquante générations, c'est le patrimoine de l'humanité. Ai-je créé de toutes pièces le livre que j'écris? L'idée que j'exprime est-elle exclusivement *mienne?* Je ne suis moi-même qu'un reflet de la pensée des savants que j'ai lus, une émanation du milieu social dans lequel j'ai vécu. Ce que je dis, *on* me l'a suggéré. Mon idée, quelque personnelle qu'elle apparaisse à quelques-uns, n'est qu'une conséquence, une somme d'unités idéiques, une synthèse d'idées communes à tout le monde. Il n'y a pas de propriété rigoureusement individuelle, pas même une épingle : tout est l'œuvre commune et appartient à tous.

C'est la théorie de l'unité du *moi* qui rend le droit de propriété en apparence légitime. En effet, si nous supposons notre *moi* distinct, indépendant de tous les autres et toujours identique à lui-même, nous concluons à son autonomie et lui reconnaissons des facultés créatrices. Par suite nous nous assimilons les objets qui ont subi une modification sous l'influence de notre volonté ; nous les considérons comme des attributions, des extensions ou des manières d'être de notre individu. Or, notre *moi* n'est pas un, il est complexe, c'est-à-dire formé par une multitude de *moi* antérieurs et contemporains.

Pour détruire l'idée de propriété, c'est toute une philosophie qu'il faut saper par la base. Il n'y a pas de *moi* au sens que l'on donne à ce mot. Tous les êtres se mêlent, se confondent, se transforment éternellement sous l'action ininterrompue de la Vie ; il ne peut y avoir entre eux de limites ou de solution de continuité. A quelque degré de désagrégation qu'ils puissent arriver et sous quelque forme qu'ils se reconstituent, animal, plante, minéral, ils ne cessent point de vivre. C'est toujours le même souffle vital qui circule dans la nature et tout ce qui existe fait partie intégrante de l'âme universelle.

Dans ces conditions, ce n'est pas *moi,* c'est *nous*
qu'il faut dire; si nous l'avons clairement démontré, nous avons fait justice du préjugé de la propriété individuelle.

XI. — L'Instruction intégrale.

La Bourgeoisie, avec la mauvaise éducation
qu'elle nous donne, a tellement embrouillé nos
esprits, faussé nos conceptions que les idées les
plus claires et les plus simples nous apparaissent
les plus obscures et les plus compliquées. Nous
accaparons volontiers toutes les richesses de la
terre, c'est-à-dire notre part et celle des autres et
nous nous estimons de parfaits honnêtes gens ;
mais qu'un des malheureux que nous avons frus-
trés s'avise de nous reprendre seulement de quoi
ne pas mourir de faim, nous le traitons de ca-
naille, de malfaiteur, et ne trouvons rien de plus
naturel que de l'envoyer au bagne pour avoir violé
notre propriété !

Ce sont des milliers de préjugés de cet ordre
qui constituent le fond de la morale classique et
forment le principal obstacle à l'avènement du
Socialisme; car notre plus redoutable ennemi n'est
pas la Bourgeoisie : c'est nous, c'est notre ignorance. Les Bourgeois le savent bien ; aussi entre-
tiennent-ils le peuple dans un état d'infériorité
intellectuelle qui l'empêche de revendiquer ses
droits. Quand des milliers d'agitateurs socialistes
parcourraient la province et préconiseraient la socia-
lisation de la propriété, les paysans et les ouvriers
n'agiront point parce qu'ils ne voient pas clair et

qu'on ne marche pas dans la nuit. Hélas ! ceux qui meurent de faim ne souffrent même pas de l'état social actuel ; ils ne souffrent pas, parce que pour souffrir il faut sentir, il faut avoir conscience de son mal. Semblables à des membres paralysés, ces malheureux subissent leur sort avec la passivité des choses. Et comment veut-on qu'ils aspirent à un état meilleur, eux qui n'ont jamais eu que cette conception de la Justice sociale : Il est nécessaire qu'il y ait des pauvres, afin qu'il y ait des riches !

Que les Socialistes se le persuadent bien : on ne peut arriver à l'établissement d'un régime égalitaire qu'avec l'égalité de l'instruction. Tant qu'existera l'enseignement primaire pour les uns, l'enseignement secondaire et supérieur pour les autres, il y aura forcément deux catégories de citoyens. Les enfants du peuple, qui restent à l'école juste le temps d'apprendre à lire les journaux bourgeois, ne peuvent devenir que les clients d'une aristocratie de Lettrés. Ceux qui acquièrent l'instruction intégrale formeront toujours les classes dirigeantes ; tous les autres, illettrés et ignorants, appartiennent aux classes dirigées : ce sont les exploités.

On gouverne par la supériorité intellectuelle : la force obéit à la pensée. D'ailleurs, l'histoire est là pour corroborer cette affirmation. Lorsqu'en 1789, la Bourgeoisie s'est substituée à la Noblesse, c'est qu'elle lui était réellement supérieure en savoir et en intelligence. Et on voudrait aujourd'hui qu'un prolétariat ignare, aveugle, inconscient pût remplacer une classe qui possède toutes les lumières et qui dispose de toutes les ressources ! Mais c'est illogique, impossible. Certes l'Egalité sociale est inévitable et prochaine ; elle est le but du processus universel ; elle s'effectue même tous les jours sous l'action incessante des civilisations : chaque fois qu'un progrès s'accomplit, c'est un privilège qui disparaît. Mais son résultat complet sera l'œuvre de l'Égalité intellectuelle, et *c'est celle-ci que nous devons réaliser la première*, parce que, dans l'ordre invariable des faits, la cause précède toujours la conséquence.

Les Bourgeois prétendent que si tout le monde était instruit, personne ne voudrait travailler. Mais ils ne disent pas toute leur pensée; il faut lire : Personne ne voudrait travailler pour les autres, c'est-à-dire se laisser exploiter. En cela ils ont raison ; c'est précisément parce que nous sommes las de travailler pour eux que nous demandons l'égalité de l'instruction. Il faut donc que les socialistes essayent d'obtenir du gouvernement cette instruction intégrale sans laquelle nous ne pouvons rien faire. L'Enseignement primaire est un leurre : il mûrit l'homme pour une exploitation avantageuse. L'École communale et le Lycée perpétuent ces haines de classes que nous voulons détruire ; remplaçons-les par l'*École sociale* où tous les enfants sans distinction seront élevés selon les principes de l'Égalité et de la Fraternité.

Qu'on ne dise point que l'argent manque pour exécuter cette œuvre grandiose, *déjà rêvée par les hommes de la Convention*. On trouve des milliards pour apprendre aux jeunes gens à se battre et à se tuer, on trouvera bien quelques centaines de millions pour les instruire, pour les élever à la dignité d'hommes !

C'est aux Conseils municipaux socialistes de com
mencer à compléter l'œuvre de l'Enseignement
primaire. Ils peuvent, par la création de cours
complémentaires et d'Écoles primaires supérieures, réaliser presque l'idéal pour un certain
nombre d'enfants. Malheureusement les expériences de ce genre faites jusqu'à ce jour n'ont pas
produit les résultats qu'on pouvait en espérer. Les
Écoles primaires supérieures fournissent, en
grande partie à la Société, de futurs exploiteurs
bien pires que les Bourgeois eux-mêmes. Il y a
cependant des remèdes à cet état de choses. Nous
ne pouvons les indiquer ici, mais nous les étudie-
rons dans un prochain livre intitulé l'*Instruction
intégrale*.

Que tous les Socialistes tournent donc provisoirement leurs efforts de côté de l'Instruction ; c'est
là l'idée révolutionnaire par excellence, l'idée
grande, juste, inattaquable — légale même ! — le
levier qui servira à renverser le vieux monde.

XII. — Littérature socialiste.

Quoi qu'on dise et qu'on fasse, l'évolution sociale se produit avec la fatalité de la pierre qui
tombe. L'extension des monopoles, la centralisa-
tion des capitaux, l'agglomération des travailleurs,
le progrès du machinisme : tout l'annonce. Les
Bourgeois eux-mêmes, emportés dans un courant
d'une force irrésistible, sont quelquefois les pro-
moteurs inconscients des réformes prochaines. Ces
Juifs, ces Financiers qui, en un immense réseau
de succursales, enserrent tout un territoire dont

ils drainent l'or dans leurs caisses, que font-ils ?
Ils matérialisent cette révolution que nous avons
le devoir d'intellectualiser.

Il est même à prévoir que la Société capitaliste
s'effondrera avant que la Réforme mentale ne soit
accomplie, avant que le peuple ne soit mûr pour
un ordre de choses nouveau. C'est à nous qu'il appartient de préparer les esprits, de les ouvrir aux
idées socialistes en les dégageant des préjugés
héréditaires. Par toutes les manifestations de la
pensée, Peinture, Poésie, Sculpture, Musique, les
artistes doivent s'efforcer de faire comprendre au
peuple les sublimes beautés qui sont dans le Socialisme et les lui faire aimer.

Indépendamment de l'instruction donnée dans
les écoles, c'est la littérature qui exerce le plus
d'influence sur la marche des idées. Malheureusement, il n'y a pas eu jusqu'à ce jour, à pro-
prement parler, de littérature sociale. Aucun de
ceux qui se sont exercés dans ce genre n'a eu la
vision intégrale du but à atteindre. Les uns se
sont fourvoyés dans le Romantisme, les autres se
sont englués dans le Symbolisme ou spécialisés
dans le Romanisme ; le plus grand nombre, enfin,
n'ont fait que bégayer quelques pensées confuses
dans une langue informe.

La caractéristique de cet art littéraire est la sim-
plicité, l'ordre, la précision. C'est presque une langue mathématique. Rien de personnel n'y apparaît :
la pensée socialiste ne porte ni la marque des temps
ni l'empreinte des lieux ; elle est simple comme la
nature, universelle comme le chiffre.

Les écrivains socialistes oublient trop cela. Dans
leur zèle d'apôtres, ils négligent presque toujours

la Forme. Ils ont tort. Si une idée n'est pas exprimée dans l'irréductible formule qui lui est propre, c'est que l'auteur ne la possède pas complètement, par suite elle est inintelligible au lecteur.

Que ceux qui luttent pour la réalisation de notre idéal, par le livre, sur la scène, ou dans les journaux n'aient donc qu'un objectif : la Forme. C'est la condition essentielle du succès. Le jour où le Socialisme sera formulé d'une façon précise, intégrale et définitive, il sera bien près de triompher.

XIII. — Appel à la Jeunesse.

Jeunes gens, vous dont l'âme ardente est assoiffée de Jouissance, de Justice et d'Amour, venez à nous, ces biens précieux nous vous les donnerons. La société bourgeoise vous comprime et vous étouffe ; vos facultés généreuses n'y atteignent pas leur développement complet. Le spectacle des souffrances vous irrite et vous aigrit au point de vous donner parfois le dégoût de la vie. Vous qui croyez encore au Bien, venez au Socialisme, jouez hardiment votre rôle dans cette grande et glorieuse épopée. Ce n'est pas ici la lutte pour un homme, pour une caste ou pour une nation : c'est la lutte pour l'Humanité. C'est pour les pauvres, les ignorants et les faibles de la terre entière que nous combattons ; pour que les vieillards brisés par le travail, pour que les petits enfants qui vont nu-pieds l'hiver et que le froid fait pleurer, pour que les parias de tout ordre aient place comme les autres au banquet de la vie.

Grâce à la Science nous avons construit des ma-

chines merveilleuses qui remplacent nos bras et
les centuplent; nous avons forcé le sol le plus
aride à devenir fécond; nous avons rapproché les
distances, percé des montagnes, comblé des val-
lées, en un mot nous avons vaincu la nature. Avec
les richesses immenses dont nous disposons, nous
pourrions être tous heureux, car la terre produit
du bonheur pour tout le monde. Eh bien! un obstacle s'oppose à la félicité universelle, cet obstacle
que nous ne pouvons vaincre et qui nous fait per-
dre le bénéfice d'un siècle de progrès, c'est le
cœur de l'homme ou plutôt c'est l'égoïsme de la
Bourgeoisie.

Le bourgeois est le plus féroce des animaux. Au
moins le tigre, le loup, le chacal, l'hyène, une
fois repus cessent de poursuivre les autres bêtes
ou de leur disputer leur proie. Le bourgeois, lui,
ne se contente pas de satisfaire à tous ses appétits,
il lui faut le superflu; pis que cela, il veut, il exige
que des milliers de ses semblables soient privés
du nécessaire : il jouit de la souffrance d'autrui.
Certes il a droit au bonheur comme les autres,
mais il n'a pas le droit de nous faire souffrir. Notre
grand grief contre lui ne part point d'un sentiment de jalousie : ce que nous lui reprochons ce
n'est pas d'être heureux, c'est de nous empêcher
de l'être.

La Noblesse féodale tint, durant des siècles,
il est vrai, l'humanité dans la plus abjecte des ser-
vitudes, dans la plus déprimante des misères;
mais elle ne pouvait pas assurer le bien-être de
tous, le progrès de la Science et de l'industrie ne
le lui permettait pas. La Bourgeoisie n'a pas cette
excuse, ce que la Noblesse n'a pu faire, elle peut

le faire ; elle n'a qu'à le vouloir. Elle est donc dou-
blement coupable, parce que pouvant faire le Bien
elle fait le Mal.

Ce qu'il y a de particulièrement odieux, c'est
qu'ayant conscience de son infamie, elle cherche
à l'atténuer par d'hypocrites lamentations sur le
sort des malheureux. « Je voudrais bien venir en
aide aux ouvriers, dit-elle, mais ils sont tellement
ivrognes, tellement ignorants, tellement pares-
seux, qu'ils ne sauraient profiter de mes bienfaits. » Certes, le peuple pris dans son ensemble
est mauvais ; mais, avec l'éducation qu'il reçoit,
il ne peut être que ce qu'il est. S'il était bon, ce
serait une anomalie : il est ce qu'on l'a fait. Qu'on
lui donne l'Instruction intégrale et les moyens
d'existence, il deviendra meilleur.

Cela la Bourgeoisie le sait bien, mais elle ne
veut pas améliorer la condition misérable des travailleurs ; au contraire, elle s'oppose à tout ce
qu'ils essayent de faire par eux-mêmes dans le but
de s'élever. Chaque fois que, poussés par l'instinct
du bien-être et obéissant à la loi supérieure du
progrès, ils ont voulu sortir de leur abjection, elle
les a massacrés impitoyablement : Juin 1848, Mai
1871, Fourmies 1891.

Jeunes gens, c'est contre cette caste maudite que
nous vous convions à lutter. Sans doute la tâche
est ingrate et périlleuse, mais elle est grande et
digne des hommes de cœur. Attendez-vous à être
bafoués par ceux même dont vous défendrez les
intérêts, par les ignorants que la Bourgeoisie
ameutera contre vous. Une haute récompense vous
payera de ces amertumes : c'est la satisfaction du
devoir accompli.

A ceux qui vous railleront, vous répondrez : Nous luttons pour la Justice ; ce n'est pas un personnel politique que nous voulons changer, ce sont des institutions mauvaises que nous voulons rendre parfaites ; toutes nos aspirations sont contenues dans la formule suivante :

« Le Bonheur intégral de l'individu dans celui de la collectivité. »

Si ce principe est vraiment le critérium auquel vous rapportez tous vos actes, vous possédez la triple définition de l'Art, de la Morale et de la Politique, c'est-à-dire la plus vaste synthèse à laquelle les hommes soient jamais parvenus ; vous avez la clef de la grande harmonie.

Jeunes gens, il ne faut pas que l'humanité demeure stationnaire pour la mauvaise volonté de quelques-uns. *Mais c'est par la Science que vous l'affranchirez.* Du travail et de la persévérance ! Rien n'est impossible à l'homme. Vous accomplirez les grandes choses que nous avons rêvées ; peut-être parviendrez-vous à inscrire en une formule d'algèbre, intelligible à tous, le principe générateur des êtres que l'ignorance des peuples avait appelé Dieu ?

XIV. — NOTES

(1) Chap. IV

Il y a une moyenne de production personnelle quotidienne que nul ne peut guère dépasser. Si cette moyenne est fixée à 5 francs, un homme d'une force et d'une intelligence extraordinaires pourrait peut-être produire jusqu'à la valeur de 7 francs, mais il n'ira jamais au delà. Donc, si un commerçant, un industriel, un fonctionnaire produisent ou gagnent 20, 50, ou 100 francs par jour, c'est avec le travail d'autrui, c'est parce qu'ils jouissent de privilèges, de monopoles ou qu'ils se servent de moyens que la *société* met à leur disposition.

(1) Chap. V|

Proclamer l'égalité des intelligences, c'est se heurter à l'un des préjugés les plus profondément enracinés dans le cœur humain. Les générations présentes ne veulent pas, et même ne peuvent pas admettre que les hommes puissent *devenir* également forts, également bons, également intelligents. Le spectacle de huit mille ans d'inégalités de tout ordre est plus fort que tous les raisonnements, même que toutes les expériences. L'esprit s'affranchit difficilement d'une telle hérédité. A la rigueur on admettrait encore que, sous l'influence d'un régime uniforme, des corps également sains puissent se développer à peu près pareillement; mais que des cerveaux également cultivés puissent acquérir une somme à peu près identique d'instruction, d'éducation, d'intelligence; voilà ce qu'on n'admettra jamais.

Eh bien! il s'agit de démontrer que l'homme est une pâte que l'éducation moule à volonté et à qui elle donne telle forme qu'il lui plaît. L'enfant ne naît ni bon, ni mauvais, il a seulement des dispositions bonnes ou mauvaises, des aptitudes diverses, en un mot, des hérédités. Mais l'Éducation a le pouvoir d'annuler ou de développer ces hérédités, et c'est ce qui se produit invariablement.

L'enfant de la meilleure famille, s'il est élevé dans un milieu dépravé, deviendra nécessairement pervers :

de même, celui qui aurait dans son ascendance les plus affreux gredins, deviendra au contraire un honnête homme, si on le confie assez tôt aux soins d'un maître habile et dévoué. C'est là une règle qui ne souffre pas d'exceptions, et que tous les vrais pédagogues sont prêts à confirmer.

Mais, voici venir l'objection classique des *deux frères qui ne se ressemblent pas*. L'un est doux, l'autre est méchant; cruelle énigme! disent les ignorants, vous n'empêcherez jamais cela.

D'abord, il n'est pas vrai, le plus souvent, que ces deux frères ont reçu dans leur famille la même éducation. Qui ne sait que dans bien de ménages les enfants sont loin d'être l'objet d'une *égale* sollicitude ? Celui-ci a l'affection du père, celui-là celle de la mère ; l'un bénéficie de toutes les caresses, l'autre est en butte à toutes les brutalités. Quelquefois le premier est le bienvenu, le chéri, l'enfant gâté, à qui l'on souffre tout ; l'autre apparaît, sinon comme un intrus, du moins comme une charge, et on le rudoie et on le néglige, jusqu'à se désintéresser presque complètement de lui.

Mais, quand il serait vrai que l'éducation de la famille eût été exactement la même pour tous les deux, les influences qu'ils reçoivent du dehors sont rarement les mêmes ; ils ne voient pas toujours les mêmes choses ; il ne jouent pas les mêmes jeux, ils n'ont pas les mêmes fréquentations ; quelquefois ils n'ont pas les mêmes maîtres à l'école, et tout cela suffit à différencier profondément leurs caractères.

Mais, dira-t-on, si l'éducation a le pouvoir d'égaliser les caractères, cela n'empêche pas que des individus, qui n'ont pas la même intelligence, ne puissent jamais devenir égaux. Voyons ce que c'est que l'intelligence ? Etre intelligent, c'est connaître, c'est sentir vivement les différentes qualités des choses, c'est les combiner, les séparer, les étendre, les restreindre, les comparer et en déterminer les rapports. D'une façon plus générale, c'est comprendre ses vrais intérêts, c'est sacrifier une satisfaction présente pour un avantage réel dans l'avenir ; c'est tendre à notre fin sociale.

On ne naît pas intelligent, on le devient par l'éducation des sens et par l'instruction : tout individu qui a le cerveau bien conformé, qui a le corps sain et qui n'a pas eu d'accidents fâcheux, s'il est cultivé, le deviendra nécessairement. Sans doute, en raison des

★★

hérédités ou des tempéraments, les uns comprendront mieux et se développeront plus vite, mais les autres arriveront au même but ; ils mettront un peu plus de temps, voilà tout.

C'est, d'ailleurs, ce qui se produit régulièrement dans toutes les écoles. Sur une classe de cinquante élèves, il y en a vingt-cinq qui devancent leurs camarades et qui pourront subir avec succès leur examen de fin d'année. Mais, conservez les vingt-cinq retardataires un an, deux ans de plus s'il le faut, ils se présenteront au même examen avec le même succès. Il n'y a là qu'une question de temps.

L'intelligence est avant tout une fonction de cerveau ; elle dépend du jeu régulier des organes, des connaissances, du milieu et même de la nourriture que l'on prend. Dans une société individualiste comme la nôtre, où chacun dresse et instruit ses enfants à sa guise, il est assez naturel qu'elle soit dévolue très inégalement entre les hommes ; mais dans une société collectiviste où tous les enfants, nourris et vêtus de la même manière, seront élevés selon les principes d'une éducation méthodique et complète, l'actuelle différence de nos facultés intellectuelles ne devra pas, ne pourra pas se produire.

A part quelques individus, tels que les idiots — un sur cent à peine — victimes d'accidents physiologiques, nous soutenons que tous les hommes peuvent devenir à peu près également intelligents. Cette affirmation, nous l'avons corroborée par des expériences.

(1) CHAP. IX

On objecte que, si nous n'étions pas libres, nous n'aurions pas ces machines merveilleuses qui transforment le monde, ni ces œuvres d'art qui font l'admiration des siècles ; qu'enfin, il nous serait impossible de réaliser, même d'espérer l'état de bien-être général que le Socialisme promet. Eh bien, c'est précisément parce que nous ne sommes pas libres, que toutes ces choses se produisent. Si nous étions libres, elles pourraient ne pas se produire. Mais *nous tendons au bonheur, aussi irrésistiblement que la pierre tend au centre de la terre :* voilà pourquoi s'effectuent les progrès qui constituent ce bonheur, et pourquoi le Socialisme, qui est pour nous le dernier terme du Bien, se produit d'une manière aussi fatale que la chute des corps,

(2) Chap. IX

L'homme ne peut être libre qu'à l'état de nature. Du jour où il s'associe, il aliène sa liberté individuelle ou plutôt il la subordonne aux intérêts de la collectivité, et il ne peut jouir que des libertés permises par l'association.

Société et liberté individuelle s'excluent. Une société commerciale, financière ou autre, serait-elle possible si chacun de ses membres était libre de disposer à sa guise de son travail ou de ses capitaux ? Il en est ainsi des sociétés humaines : si personne n'y connaît de règle que son caprice, c'est l'anarchie la plus complète.

Cependant, dans la société collectiviste de demain, l'homme sera plus libre qu'il ne l'est actuellement ; en dehors de ses heures de travail, il pourra faire tout ce qu'il voudra. Aujourd'hui il n'y a que les bourgeois qui aient quelque liberté. Les travailleurs sont enchaînés à l'usine, du matin au soir, et ceux qui ne travaillent pas sont rivés au sol parce qu'ils n'ont pas d'argent.

(1) Chap. X

La Bourgeoisie a coutume de présenter les socialistes comme des ennemis de la propriété individuelle. Fuyez ces révolutionnaires, dit-elle aux paysans et aux ignorants, ils veulent vous prendre votre champ et votre maison. La vérité, c'est que notre idéal est dans la mise en commun de toutes les richesses sociales. Mais en l'état actuel nous n'avons pas à être pour ou contre la propriété, pas plus que nous ne sommes pour ou contre la chute d'un corps lancé dans l'espace. L'expropriation est un phénomène économique dû au progrès de la grande industrie ; elle s'effectue tous les jours, qu'on le veuille ou qu'on ne le veuille pas.

Il est évident comme deux et deux font quatre qu'un objet de petite fabrication revient plus cher qu'un objet de fabrication plus abondante, qu'un outillage rudimentaire ne peut lutter contre un outillage perfectionné, que la culture parcellaire est anéantie par les pays de grande culture, qu'en un mot les petits capitaux sont ruinés par les grands. En vertu de ce principe, tous les petits commerçants, les petits propriétaires, les petits industriels seront fatalement absorbés par les gros capitalistes. Ce n'est là qu'une question de temps : il y en a tous les jours qui succombent dans cette lutte inégale. Oui, les petits bourgeois eux-mêmes seront successivement dépossédés et rejetés dans le prolétariat : c'est la loi du progrès. Ouvrez les yeux et regardez autour de vous ; voyez combien de familles autrefois riches sont aujourd'hui dans la misère ; combien de gens instruits, bacheliers, avocats, médecins, etc., en sont réduits à mendier quelque modeste emploi qu'ils ne trouvent même plus. Malheureux que leur haine du Socialisme aveugle, ce sont eux qui nous accusent de vouloir les exproprier !

Mais est-ce nous qui avons exproprié le petit commerce de Paris au profit d'une centaine de gros établissements ? Est-ce nous qui avons abaissé le prix du blé à tel point que le paysan ne peut plus vivre à cultiver son champ ? Est-ce nous qui, par l'emploi de machines puissantes, avons supprimé les initiatives individuelles et poussé vers les villes l'habitant des campagnes ?

Ne faut-il pas être ignorant ou de mauvaise foi pour nous accuser de *vouloir exproprier*. L'expropriation se fait tous les jours ; elle se fait même et surtout au profit de ces gros bourgeois qui se posent en protecteurs de la petite propriété. La plupart de ceux qui ont quelque fortune et qui vivent aujourd'hui dans l'aisance sont destinés à la faillite, à la ruine : leurs fils iront grossir l'armée des sans-travail et leurs filles finiront tristement dans la débauche et la prostitution. C'est un sort qui les menace tous et qu'ils ne peuvent guère éviter. Le jour où le Socialisme triomphera, il n'y aura pas besoin de les exproprier : ils le seront depuis longtemps.

(1) CHAP. XIII

La Bourgeoisie se divise en deux parties : la Bourgeoisie philosophique à laquelle appartiennent les penseurs des dix-huitième et dix-neuvième siècles, tous les hommes généreux qui poursuivent la réalisation de l'émancipation humaine ; et la Bourgeoisie de l'argent, la Bourgeoisie des parvenus, nombreuse, puissante, rapace, égoïste : c'est de cette dernière que nous nous occupons ici.

Paris. — Imprimerie Nouvelle (association ouvrière), 11, rue Cadet.
A. Mangeot, directeur. — 869-95.

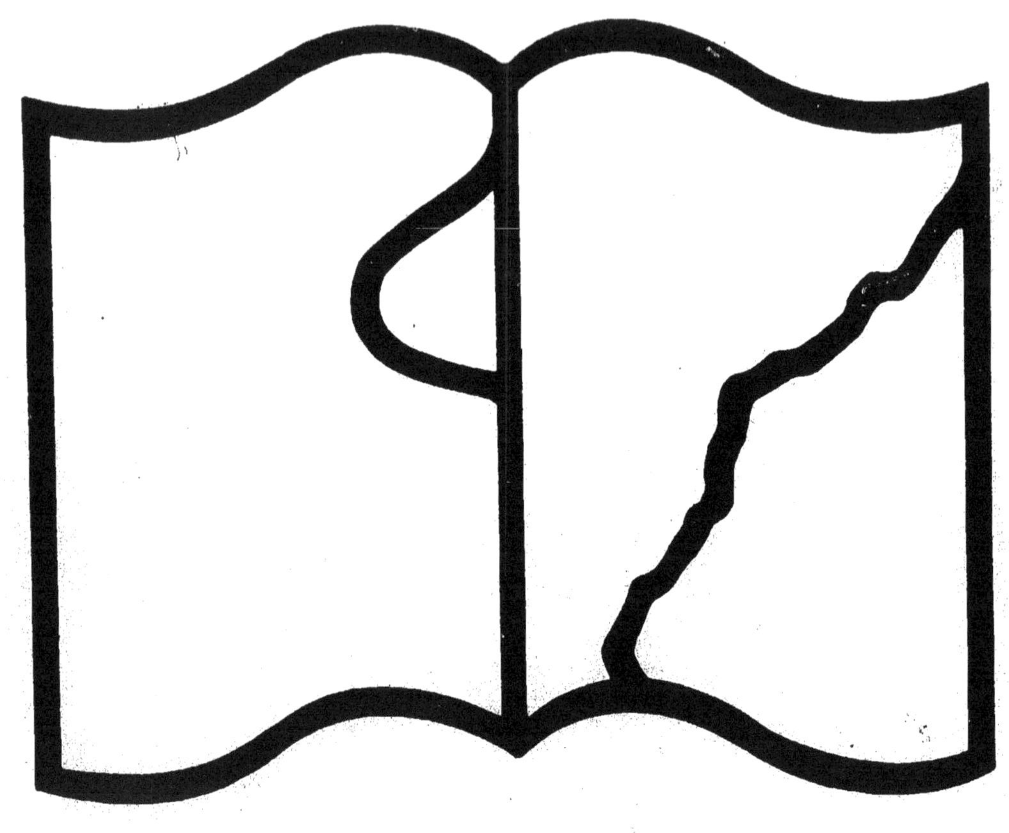

Texte détérioré — reliure défectueuse

NF Z 43-120-11